AF561574

M. FULCHIRON,

Ancien Député du Rhône, Ancien Pair de France,

Auteur du Voyage dans l'Italie Méridionale

et dans l'Italie Centrale.

Telle que nous la comprenons, la mission de historien a un double caractère : Indépendant, il e doit rien cacher de la vérité; impartial, il disribue indistinctement la justice à tous. Les enraînements de l'opinion publique seront pour lui ans écho, et ce sont les hommes que la calomnie ura poursuivis qu'il aimera surtout à entourer de ympathie et de respect. Nous serons donc indéendants à l'égard de M. Fulchiron, nous serons istes aussi.

Qui, plus que lui, a été attaqué dans sa personne et dans ses actes ? qui a eu plus à souffrir des traits de la satire ? qui a été plus en butte aux outrages de la malveillance et aux injures des partis ? où trouverez-vous cependant un homme plus désintéressé, plus consciencieux, qui ait plus constamment obéi aux lois sévères du devoir, qui ait plus généreusement suivi les inspirations de son cœur ? où trouverez-vous un homme qui, pour faire le bien, prodigue avec plus d'élan une plus belle fortune ?

Pendant longtemps, les représailles de la démocratie avaient mis M. Fulchiron au ban de la presse opposante. Elles lui refusaient non seulement les qualités de l'homme privé, mais encore le mérite de l'homme public. Or, le nom de M. Fulchiron est synonyme de bienfaisance et de générosité. C'est un esprit d'élite, naïf et franc ; c'est un écrivain logique et plein de sens, qui porte dignement son titre de membre de l'Académie de Lyon ; et le feu roi Louis-Philippe n'avait pas dédaigné d'en faire, en maintes circonstances, son conseiller et son confident.

On avait contesté à M. Viennet son talent poétique : il s'est vengé en faisant de bons vers.

On avait contesté à M. Fulchiron l'intelligence et le cœur : il s'est vengé en faisant preuve d'intelligence et de cœur.

M. Fulchiron, né à Lyon, est un ancien élève de l'école polytechnique. Sa famille était très honorablement connue dans le commerce.

Jusqu'en 1830, M. Fulchiron n'avait pas paru sur la scène publique. Il comptait alors parmi les libéraux influents de la ville de Lyon. Aussi salua-t-il avec enthousiasme l'avénement de Louis-Philippe au trône. Telle était toutefois l'autorité de son nom que, s'étant présenté aux élections du canton-ouest de la ville, il fut élu à la presque unanimité. Depuis, le même collége l'a constamment réélu, malgré le mérite des concurrents qui se présentaient pour lui disputer les suffrages des électeurs lyonnais.

Homme d'ordre avant tout, M. Fulchiron, qui craignait que les conséquences des principes posés en 1830, n'entraînassent la France dans des révolutions nouvelles, se rattacha au dernier gouvernement comme à une ancre de salut. L'avenir lui apparaissait couvert de nuages. Hélas! une triste expérience nous a prouvé combien il appréciait sainement la disposition des esprits. Peut-être apporta-t-il dans la défense des intérêts sociaux trop d'ardeur juvénile. Il parlait et agissait comme il pensait, tout d'un bond, faisant feu sans ordre, et criant comme la sentinelle avancée : Aux armes! voici l'ennemi! Qui pourrait dire cependant que sa conduite, comme cours de député, n'était pas inspirée par un profond patriotisme et marquée au coin du vrai bon sens?

La vie publique de M. Fulchiron est connue. Chose rare à notre époque, il peut jouir, de son vivant, de la reconnaissance et de l'estime de ses concitoyens; car si l'heure de la justice s'est fait attendre, elle a enfin sonné pour lui. Mais M. Fulchiron ne marquera pas seulement comme homme politique, il tiendra une honorable place parmi les écrivains sérieux de l'époque. Son *Voyage dans l'Italie Méridionale et dans l'Italie Centrale* est une œuvre à part qui peut dignement soutenir le parallèle avec ce qui a été écrit de mieux sur ce beau pays. L'œuvre entreprise par M. Fulchiron était difficile. Il avait à se défendre, à la fois, de l'enthousiasme exagéré de certains auteurs et des critiques systématiques de quelques autres. Il fallait être vrai sans arrogance, savant sans morgue, spirituel sans prétention; il fallait surtout observer et étudier, voir avec sagacité pour juger avec maturité et sang-froid; il fallait, en un mot, nous faire connaître l'Italie telle qu'elle est, tristement assise sur les débris de son antique splendeur, et demandant aux arts modernes, à la science, à l'agriculture, au commerce quelques rayons de gloire pour consoler et rajeunir sa vieillesse.

Suivons M. Fulchiron et débarquons avec lui à

Livourne, car c'est par cette ville qu'il a commencé le cours de ses investigations.

Livourne, simple château de défense au moyen-âge, fut acheté par les Florentins qui voulaient faire de son port, le rival de celui de Pise; mais elle n'acquit son importance que sous le gouvernement des Médicis au seizième siècle. C'est une ville toute moderne qui ressemble à tous les ports de France, d'Angleterre ou de Hollande. Sa rade est peu sûre. Ses monuments n'offrent rien de remarquable; il faut citer pourtant sa synagogue, qui est la plus belle de l'Europe après celle d'Amsterdam. Livourne est le paradis des Juifs qui composent le quart de la population et jouissent des plus belles fortunes. Son port est franc et passe avec raison pour un des grands centres commerciaux de l'Italie.

De Livourne à Pise, la distance est peu considérable. Pise autrefois si célèbre, la ville aux mille vaisseaux, qui dominait la Méditerranée et comptait cent mille habitants, n'est plus aujourd'hui que l'ombre d'elle-même. Ses rues tortueuses et étroites seraient désertes, si la douceur de son climat n'attirait dans son sein un grand nombre de malades de toutes les parties de l'Europe. Son université a de la réputation; les chaires y sont occupées par d'habiles professeurs dont quelques-uns ont un nom européen. Si on en excepte quatre grandes constructions, chefs-d'œuvre de l'art, qui feront l'éternel honneur de Pise, ses monuments ne méritent pas de fixer l'attention des voyageurs. Mais aussi quoi de plus admirable que le Dôme, la Tour penchée, le Baptistère et le Campo-Santo?

Majestueux de forme, riche d'ornementation, le Dôme impose une sorte de terreur religieuse, lorsque l'on considère la grandeur de son enceinte, l'énormité de ses colonnes, toutes de marbre de Carrare et d'une seule pièce, et qu'à travers le demi-jour qui pénètre par cent petites ouvertures, la pensée s'élève vers Dieu, le sublime créateur des merveilles du monde. Bâti au commencement du onzième siècle pour célébrer une victoire remportée en Sicile, sur les Sarrazins par les Pisans, ce temple est dédié à la Vierge. La description, qu'en donne M. Fulchiron, est pleine d'érudition, de fraîcheur et de grâce; admirez avec lui les marbres, les tombeaux, les statues, les bas-reliefs, qui y sont répandus à profusion. Quatre tableaux d'André del Sarto, le Raphaël Florentin, sont placés dans le chœur. La façade et ses trois portes de bronze excitent l'attention et quelquefois la critique des connaisseurs, mais on peut regarder l'intérieur du monument comme une des plus belles productions de l'architecture.

Qui n'a entendu parler de la Tour penchée et

ne l'a vue reproduite en gravure? Elle est l'une des plus hautes de l'Italie. Quelques auteurs, M. de Valéry entre autres, ont prétendu que son inclinaison n'entrait point dans le plan primitif de ses architectes, et qu'elle est due à un affaissement naturel du sol. M. Fulchiron combat cette opinion: « D'abord, dit-il, parce qu'il y a en Italie plu- » sieurs tours penchées et une surtout à Bologne » qui est célèbre par son élévation; secondement » on ne peut supposer que le même accident se » soit reproduit plusieurs fois, et que, plusieurs » fois aussi, il ait respecté la solidité de la cons- » truction.... : il me paraît donc évident que c'est » un effet de la volonté des constructeurs, et que, » selon le plan primitif, le monument devait être » penché comme il l'est aujourd'hui. » La Tour a six étages et six rangs de colonnes en marbre; son style est byzantin; il date de **1174**. Malgré quelques défauts qu'il analyse rapidement, le monument paraît à l'auteur beau par sa masse, son élévation, ses détails, la rareté de ses matériaux et la hardiesse de sa construction.

Le Baptistère a été bâti en **1152**. Son morceau capital est la chaire de Nicolas de Pise, le plus habile restaurateur de la sculpture en Italie. Ce chef-d'œuvre, si admiré, n'a paru remarquable à M. Fulchiron, qu'eu égard à l'époque où il a été construit.

Un des plus beaux monuments qu'il y ait au monde, est le Campo-Santo, autrefois destiné à la sépulture des illustres Pisans, et maintenant lieu de repos des savants, des poëtes et des artistes célèbres. Sa forme est celle d'un vaste et long parallélogramme; sa construction remonte au treizième siècle, et marque la transition complète du byzantin au gothique. A l'occasion des fresques du portique, œuvre admirable, dont les arcades en ogive sont divisées par des colonnettes de dix-huit à vingt pieds de hauteur et qui n'ont pas plus de six pouces de diamètre, M. Fulchiron déplore la perte des œuvres de Giotto, dont il ne reste plus que quelques compartiments presque entièrement effacés. De simple berger, Giotto était devenu chef-d'école; il donna une savante et vive impulsion à la peinture, et bien qu'il les ait précédés de plusieurs siècles, il avait su se placer à la hauteur des grands maîtres qui sont venus après lui. M. Fulchiron fait remarquer que plusieurs couleurs qu'on emploie aujourd'hui n'étaient pas connues en ce temps, chose d'autant plus fâcheuse que la peinture à l'huile n'avait pas encore été découverte par Van-Eyck ou Jean de Bruges. Ainsi il lui a semblé que les artistes qui ont travaillé au Campo-Santo ne se sont servis que de noir de charbon, de craie blanche, d'ocres rouges et jaunes, de terre de Sienne naturelle et brulée, d'un bleu qui peut être l'indigo et d'un oxide de cuivre mêlé d'alumine. Si elles ne flattent pas le regard, les fresques du Campo-Santo sont précieuses pour l'histoire de l'art. Les figures ont de la naïveté dans les poses, mais les personnages ne tendent point à l'unité de l'action et sont presque toujours dispersés dans le tableau qui représente à la fois plusieurs scènes. « On voit, ajoute M. » Fulchiron, que les artistes se contentaient de » copier strictement le modèle et de faire des » portraits; ce qui, au reste, nous est historique- » ment utile, puisque plusieurs, pour représenter » des personnages bibliques, ont choisi des » hommes célèbres. Ils nous ont ainsi transmis » les traits de l'empereur Henri de Bavière, de » Castruccio, de Lucques, de Côme de Médicis et » de ses fils.... Aucune tradition n'est observée: » Les patriarches sont en pantalons larges ou » collants, en vestes serrées par des ceintures ou » en robes longues suivant la mode du temps... » On sait par là quelles ont été les variations dans la manière de se vêtir. Ainsi, c'est au quinzième siècle que les habits étroits succédèrent aux amples manteaux et aux courtes tuniques, et il est à croire que c'est à la France que fut dû ce changement de mode.

En sortant de Pise et avant d'entrer à Florence, nous jetterons un coup-d'œil général sur la Toscane, sur son agriculture, sur son commerce, sur ses manufactures, sur le degré d'instruction auquel sont parvenus ses habitants; car ce n'est pas un voyage d'agrément qu'a entrepris notre auteur; avant tout, il a voulu être utile, et il y est parvenu.

Il semble, au premier abord, qu'un climat aussi favorisé du ciel que celui de la Toscane, doive être extrêmement fertile. La richesse du sol ne répond pas à sa beauté. Le pays est divisé en plaines, en collines et en montagnes, et chacune de ces divisions a un genre spécial de culture. Dans les plaines on ne connaît pas de jachères; l'assolement se fait en trois ans et donne cinq récoltes; on sème deux fois de suite des céréales dans le même champ. Les grains toscans sont gros, pesants et de bonne qualité; mais, chose triste à dire, l'agriculture ne peut fournir à la consommation des habitants; il faut que les parties montagneuses tirent leur blé de l'étranger. L'avoine et l'orge sont peu cultivées; on les remplace par des fèves pour la nourriture des chevaux. Une des bases de l'alimentation des habitants de la campagne est la farine de maïs que l'on mange sous forme de bouillie épaisse nommée *pollenta*. Le bétail est peu nombreux et sédentaire: on ne voit pas, comme en France, des troupeaux errer dans les champs. Le mûrier pourrait combler, par ses produits, le déficit laissé par l'agriculture, dans les finances de l'État; mais on néglige sa culture, et, en 1837, la France n'a importé de la Toscane que 18,662 kilogrammes de soie grège et moulinée.

Les collines sont la véritable patrie de la vigne, qui ne prospère pas dans la plaine. Le vin y est de qualité médiocre. L'olivier croît aussi sur les collines et ses produits le disputent à ceux de la vigne. Le châtaignier se plaît surtout sur les pentes des montagnes; son fruit qui est très abondant est desséché sur un grillage, et réduit, au moyen de la meule, en farine qui se mange comme le maïs, également sous forme de *pollenta*. Le chanvre est un des bons produits de l'agriculture toscane; elle en a vendu en 1837, à la France, pour une valeur de près de deux millions.

Les propriétaires possédent en général de grandes étendues de terrain qu'ils afferment par emphytéose, ou à nombre fixe d'années, ou à moitié fruits. Leur manière d'agir avec les cultivateurs est toute paternelle, et cependant ils n'ont avec eux que fort peu de rapports. Habitant Florence ou les capitales de la province, c'est à peine s'ils vont résider, une fois l'an, quelques semaines, dans leurs propriétés. Aussi, rien n'est triste comme de voir de magnifiques châteaux de plaisance et d'admirables parcs abandonnés en quelque sorte par leurs possesseurs. « Splendides de» meures, dit M. Fulchiron, où le concierge vit » en anachorète. » Disons toutefois qu'un mouvement agricole prononcé se développe insensiblement dans la Toscane. Les terrains incultes sont recherchés pour y semer de la garance et des betteraves. On varie les cultures, on améliore le sol, et tout fait espérer qu'une aussi belle contrée ne sera bientôt plus réduite à payer, pour une partie de ses céréales, un lourd tribut à l'étranger.

La situation du commerce est en proportion avec celle de l'agriculture; les importations sont considérables et surpassent de beaucoup les exportations. La France expédie principalement des marchandises d'une grande valeur, les soieries, par exemple, les toiles imprimées, les vins et les eaux-de-vie. L'Angleterre a essayé de lutter avec nous, mais elle n'a pu soutenir la concurrence. La Suisse est une rivale plus dangereuse, mais les maisons françaises continuent d'obtenir le premier rang sur tous les marchés. Les produits indigènes exportés par la Toscane s'élèvent en moyenne à 50,000,000 francs. C'est par Livourne, port franc, que se fait tout le commerce maritime de la Toscane, mais il commence à décliner et ne fournit guère qu'à la population du royaume. Ce sont Gênes et Trieste qui approvisionnent le reste de l'Italie. La marine Toscane se composait, il y a dix ans, de 820 bâtiments; 548 de Livourne et 262 de l'Ile d'Elbe.

L'esprit industriel se développe, mais avec lenteur. Sur une exportation de cinquante à soixante millions, les objets manufacturés ne figurent pas pour plus de dix-huit à vingt millions. La fabrication des bijoux de pierre dure, de mosaïque et d'albâtre sculpté est portée à un rare degré de perfection. La presqu'île italienne fournit les matières nécessaires; on en tire aussi de la Corse, de la Sicile, de l'Égypte et de l'Orient. L'industrie la plus considérable du pays est celle des chapeaux de paille; elle s'élève annuellement à près de cinq millions, et c'est dans les environs de Florence qu'elle est principalement établie. « Il » est de ces chapeaux, dit l'auteur, d'une telle » finesse, qu'il faut plusieurs mois pour les tres- » ser, et plusieurs jours pour assembler et coudre » les tresses; leur prix est de 500 francs et au- » dessus; quelques-uns coûtent 2,000 fr. » La fabrication du papier, la tannerie, les tissus de coton, la vente des soies pour la filature occupent une grande place dans les manufactures du pays. Le mouvement, toutefois, est peu important, mais il peut le devenir. La Toscane suit l'esprit du siècle et tend à devenir industrielle. La noblesse, qui avait si longtemps dédaigné le commerce pour s'adonner à l'étude des arts, recherche maintenant la science économique. Des entreprises se fondent et sont encouragées ; un prochain avenir nous apprendra jusqu'à quel point se réaliseront les espérances qu'il est permis de concevoir aujourd'hui.

La population est d'environ 1,400,000 habitants, sur lesquels il faut compter plus de 14,000 ecclésiastiques séculiers et réguliers. Les Toscans ne sont point remarquables par leur beauté. « A » la campagne, dit M. Fulchiron, le sang est plus » beau, surtout dans les montagnes où les femmes » de quelques cantons jouissent d'une grande ré- » putation pour la régularité de leurs traits... Le » défaut de puissance corporelle des Toscans ne » tient point cependant à la misère, car les Flo- » rentins, quoique naturellement sobres, ne con- » naissent pas les dures privations et le travail » excessif qui pèsent sur les ouvriers et les cul- » tivateurs des autres pays...; la classe riche, » élevée en position sociale, est plus belle...; les » mœurs actuelles sont bonnes, et les crimes ex- » trêmement rares... On n'entend dans les rues ni » cris, ni querelles; on n'y voit aucune trace » d'ivrognerie. »

M. Fulchiron se demande ensuite, à propos du rêve de quelques fanatiques utopistes, si l'unité et la complète indépendance de l'Italie sont possibles, et il n'hésite pas à répondre par la négative. Où serait la capitale? A Rome? mais Gênes, Turin, Milan, Venise, Florence et Naples voudraient-elles lui obéir? L'indépendance italienne n'a jamais existé depuis le cinquième siècle; elle n'existera jamais. Ferez-vous de ces villes, jalouses et rivales, des États séparés? mais vous les exposerez à tous les désordres du moyen-âge, et une seule guerre consommerait leur ruine et entraînerait leur servitude.

Si nous avons constaté l'infériorité de la Toscane, sous le rapport de l'agriculture et du commerce, il est juste de dire que l'instruction publique y est en grand honneur. Pise et Florence offrent des éléments d'études aussi nombreux que variés, et leurs universités, jouissent d'une réputation justement acquise. Le gouvernement, du reste, ne néglige rien pour activer le mouvement ascensionnel imprimé depuis quelque temps aux sciences et aux arts. L'enseignement primaire est entièrement libre. Se fait maître d'école qui veut, et de nombreuses congrégations se dévouent à la première éducation des enfants du peuple, « et » ces écoles, tenues par des hommes soumis à une » règle uniforme, fait judicieusement remarquer » M. Fulchiron, débarrassés de tous soins de » famille, pour qui le bénéfice n'est rien, et l'ac- » complissement d'un saint devoir est tout, sont » bien supérieures à toutes les autres. »

Nous ne suivrons pas l'auteur dans sa revue des divers établissements publics de la Toscane, quelque soit leur intérêt pour donner une juste idée de l'état actuel des mœurs. Cela nous entraînerait trop loin. Bornons-nous à dire qu'à part la loterie qui existe encore à Florence, ces établissements attestent tous les vues sagement progressives du gouvernement.

Voici Florence, la ville aux églises, aux couvents, aux mille palais, qui rappellent les belles époques de l'architecture du moyen-âge et de la renaissance, mais où ne se rencontre nulle part la svelte architecture gothique! Pénétrez dans les rues: elles sont en général sales et étroites et renferment des édifices qu'on ne peut étudier à son aise, tant ils sont mal situés; mais les quais sont beaux, et les constructions qui les bordent et dont les bases trempent dans les eaux de l'Arno, présentent un coup d'œil singulièrement pittoresque. Admirez ici le palais Corsini; là, dans une maison basse qui occupait une des rangées du port Vecchio, Benvenuto-Cellini étalait ses riches et délicieux bijoux, ses naïfs et délicats chefs-d'œuvre. « De belles collines, chargées de maisons de » campagne, de petits palais, de vignes, d'oli- » viers, de lauriers, de pins aux vastes parasols, » s'étendent autour de la cité en hémicycle et lui » composent une admirable ceinture ». Mais nous avons aperçu le Dôme, le Campanile, le Palais-Vieux et son haut beffroi qui ont été témoins de tant d'inconstantes révolutions, le palais Pitti, les galeries et les églises. Le reste de la ville nous importe peu. Pour nous, c'est là Florence.

Nous doutons qu'il existe des descriptions de Florence aussi complètes et aussi instructives que celle que nous en donne M. Fulchiron. Elle remplit plus d'un tiers du premier volume. Tous les amateurs de peinture, d'architecture et de sculpture, les archéologues et les savants la liront et la reliront avec le plus vif intérêt. Ce n'est pas une froide exposition; c'est un tableau richement encadré qui reproduit comme au daguerréotype toutes les merveilles que renferme cette ville. Il commence sa course artistique par le palais Pitti, — célèbre palais construit par Brunelleschi pour la famille Pitti, qui ne put l'achever, et qui fut acheté, ensuite, pour le second grand-duc, Côme Ier, auquel il servit, en quelque sorte, de citadelle contre les entreprises de ses ennemis. Haut de cent sept pieds, long de quatre cent cinquante, il a une cour gigantesque, œuvre de l'architecte Ammanati, auprès de laquelle celle de notre Luxembourg ne paraîtrait qu'une froide copie; mais le trésor de Florence est sa fameuse galerie, qui réunit une suite de quatorze grands salons et où vous pourrez admirer des pages immortelles de Perrugin, de Raphaël, de Jules Romain, du Corrége, de Cigoli, de Cristofono Allori, du Titien, de Rembrandt, de Rubens, de Salvator Rosa, de Rosso, de Sébastien del Piombo, de Michel-Ange, de Dominiquin, de Paul Véronèse, du Tintoret, de Van-Dick, du Guide, d'André del Sarto, et de plusieurs autres maîtres dont M. Fulchiron peint, par un trait, la manière et le talent. Quatre cent quatre-vingt-dix sept tableaux composent cette magnifique collection formée, peu à peu, par les membres de la famille des Médicis. La bibliothèque contient soixante mille volumes parmi lesquels quinze volumes in-folio d'écrits autographes de Galilée.

Nous ne nous arrêterons pas à Boboli, jardin du palais Pitti, charmante promenade qui renferme un jardin de botanique, des cabinets de minéralogie, de zoologie, d'anatomie et de physique. Ni les églises de la rive gauche de l'Arno, ni les Uffizi ne fixeront notre attention, non qu'ils ne renferment d'incontestables beautés, mais en suivant pas à pas M. Fulchiron, nous écririons un gros volume et nous ne voulons que faire une analyse substantielle et vivante de son *Voyage*. Entrons sur la place du Grand-Duc et donnons un regard au portique de la loge des Lanzi, le plus beau des portiques modernes, dont les arcs contiennent quelques groupes dignes d'être étudiés.

C'est là qu'étaient proclamés les Gonfaloniers, souverains de deux mois à peine; c'est là que le fougueux Savonarola prêchait la réforme de l'Eglise et le retour impossible aux institutions républicaines. Sur un des côtés de la place se trouvent les hautes et majestueuses murailles du vieux palais, dont un immense beffroi de deux cent quatre-vingt-six pieds de haut domine la construction. L'archevêque de Pise, Salviati, fut pendu à une des fenêtres de ce palais pour avoir conspiré contre les Médicis.

Saluons les galeries des Uffizi, ce muséum dont les trésors ont excité plus d'une fois la jalousie des plus grandes capitales de l'Europe. L'auteur n'entre pas dans le détail des tableaux, des statues, des bustes qui ornent par milliers ce sanctuaire; il se borne à des observations qui ont échappé à Lalande et à Lanzy, et qui prouvent en faveur de son érudition. Il faut étudier avec lui les pièces capitales de cette immense collection. Ainsi, il commence par les tableaux de l'enfance de l'art, c'est-à-dire du XIIIe siècle; puis il passe à ceux du XIVe, illustrés par Giotto; après lui, viennent Mommi Angelo Guddi, Ghirsandajo, qui forma Michel-Ange, et Perrugin, le maître de Raphaël. Les statues des galeries des Uffizi se comptent par centaines. Les bronzes antiques et modernes, les vases ne sauraient se décrire.

M. Fulchiron vous fera connaître les plus remarquables; car il parcourt toutes les salles et n'oublie rien qui mérite d'être connu. Son jugement sur l'école vénitienne et sur l'école florentine est plein de sens et de raison. Le nombre des dessins et gravures dépasse 28,000. Ils commencent à Giotto et arrivent jusqu'à nos jours. Mais réservez votre admiration pour la fameuse tribune ou rotonde qui renferme l'élite de la sculpture antique et de la peinture moderne. Quel amas de richesse! quel luxe de génie! Vous êtes dans le temple des Dieux, recueillez-vous et inclinez-vous devant tant de chefs-d'œuvre.

Le Dôme est l'orgueil de Florence, et Florence a raison. Le Dôme peut rivaliser avec l'église Saint-Pierre de Rome, ce qui n'est pas peu dire, c'est un chef-d'œuvre de construction : il est dû à Brunelleschi, qui ne put l'achever. Son successeur, Baccio d'Agnola modifia ses plans et les gâta. Entre quelques tableaux de mérite, il faut citer un portrait du Dante. Il est représenté, un livre à la main, en robe rouge et couronné de lauriers. Une porte en bronze est célèbre par les bas-reliefs qui y sont enchassés; c'est celle de la sacristie des chanoines. Les sculptures sont nombreuses, et, en général, valent mieux que les peintures que renferme cet admirable monument d'architecture.

Le Campanile a deux cent cinquante-huit pieds de hauteur : c'est l'œuvre de Gioto, qui fit preuve d'un rare talent comme constructeur et comme architecte. « Quels étaient donc, s'écrie, à cette » occasion, M. Fulchiron, ces hommes du moyen-» âge, qui pratiquaient, qui perfectionnaient plu-» sieurs arts, dont un seul absorbe aujourd'hui » l'existence entière de nos artistes modernes... ? » Du temps de Gioto, de Jean de Pise, de Bru-» nelleschi, ce que nous appelons la société et les » plaisirs n'étaient pas une affaire importante ; » les jours s'écoulaient dans le travail d'exécu-» tion, et, le soir, dans celui de la réflexion. » Double vie, et qui doublait aussi l'intelligence.»

Cette pensée part d'un cœur profondément convaincu. Elle est aussi morale que vraie.

Le Campanile a une forme à la fois élégante et sévère. De sa base au sommet, il est revêtu des plus beaux marbres. Telle était l'admiration qu'il inspirait à Charles-Quint, que le puissant empereur aurait désiré qu'on le pût mettre sous verre.

Certes, plus d'une capitale s'applaudirait de posséder les monuments que nous avons nommés et qu'il faut apprendre à connaître dans le voyage de M. Fulchiron. Ce n'est pas tout cependant, et Florence possède encore d'autres richesses:

Le Baptistère, qui a trois portes colossales en bronze, les plus belles qui existent, et qui, commencé en 1366, occupa, pendant cent onze ans, les plus habiles artistes, et ne fut achevé qu'en 1477;

Sonta-Maria Novella, église que Michel-Ange trouvait si élégante de dessin et de construction, qu'il l'appelait *la sua cara Sposa.* Elle possède la fameuse vierge de Cimabué, peinte en 1267, et de vastes fresques qui doivent être remarquées;

L'église Saint-Laurent, qu'il faut visiter pour admirer un chef-d'œuvre de Michel-Ange; les deux tombes de Julien de Médicis et de Laurent, duc d'Urbin. La chapelle des Médicis est attenante à l'église Saint-Laurent. « Il est impossible, » dit l'auteur du *Voyage*, d'énumérer toutes les variétés de porphyres, de jaspes, d'albâtre, d'agates, de lapis qui y scintillent et surprennent la » vue. » Tout près, se trouve la bibliothèque laurentienne qui fut longtemps regardée comme la plus riche de l'Europe. Les manuscrits qu'elle renferme, et qui sont au nombre de plus de 8,000, ont une grande célébrité auprès du monde savant. Parmi eux se trouvent les lettres familières de Ciceron, et celles à *Atticus*, les Pandectes, un Horace, qui faisait partie des livres de Pétrarque, et un Virgile sur parchemin, du quatrième ou cinquième siècle, le plus ancien connu et très bien conservé. Un *Canzonière* renferme un portrait authentique de Laure. La bibliothèque Ricardi compte 25,000 volumes et 3,500 manuscrits. En somme, il y a, à Florence, dans le domaine public, cinq volumes par habitant ; il n'y en a que deux à Paris. Londres est, à proportion, bien moins riche encore.

Les érudits vont visiter, dans l'église Saint-Marc, le tombeau du fameux Pic de la Mirandole, mort en 1494, à l'âge de trente-deux ans. On sait que ce fut un prodige de talent, ou « plutôt de mémoire, » dit notre auteur. L'église de l'Annonciade n'est pas sans mérite ; sa grande coupole, qui égale, en diamètre, le Panthéon romain, est une des merveilles de l'architecture florentine. Cette coupole a été peinte par Voterrano, au seizième siècle.

Santo-Croce est le Panthéon de Florence. Cette église renferme les tombes de ses plus illustres enfants : citons celles du Dante, de Michel-Ange, de l'historien Alfieri. Elle a des peintures et des sculptures remarquables ; ses vitraux sont renommés par leur ancienneté et l'éclat de leurs teintes. Terminons cette énumération des principales églises de Florence par la collégiale d'or, San-Michele, bâtie en 1337, après une terrible peste, pour y placer une madone, peinte sur bois, et qui passait pour être douée de la faculté d'opérer des miracles. Parmi les statues qui la décorent, l'une, celle de Saint-Marc, est en grande vénération à Florence. Michel-Ange, raconte-t-on, la trouvait si pleine de vie et de mouvement, qu'il lui disait : *Perché non mi parli ?*

Nous ne dirons rien des théâtres. Les palais sont nombreux : ils se distinguent moins par l'éclat de leur architecture et les richesses de leurs décorations que par les souvenirs historiques qu'ils rappellent. La propriété de quelques-uns s'est toujours maintenue dans la même famille : des drames terribles se sont accomplis dans l'austère enceinte de quelques autres; la fortune du vaincu y passait dans les mains du vainqueur. Hélas! n'en est-il pas trop souvent ainsi dans le monde? Parmi ces palais, il s'en trouve cependant qui présentent un véritable intérêt artistique, et que le voyageur ne peut s'empêcher de visiter.

Nous n'avons fait qu'esquisser ce que M. Fulchiron a décrit avec des détails pleins de raison, de chaleur et de vie. Mais il est temps de quitter Florence pour prendre la route de Sienne et arriver à Rome.

S'il faut en croire le récit du *Voyage*, et pourquoi n'y croirions-nous pas ? la petite ville de Sienne serait presque un paradis terrestre. La campagne est belle, le climat est pur, la population vigoureuse, et les femmes justifient la réputation que leur donnait Brantôme. Les mœurs des habitants sont douces et polies, les palais y abondent, les arts y ont laissé de remarquables monuments; telle est sa richesse qu'à la foule et à la splendeur des équipages, on prendrait Sienne pour une dépendance de notre bois de Boulogne en ses grands jours de fête. Mais Sienne est voisine de Rome; comment s'y arrêter quand ses portes touchent, pour ainsi dire, à la capitale du monde chrétien ?

Traversons Montefiascone et Viterbe, la ville aux belles filles, pour mettre le pied sur la campagne de Rome. C'est là que M. Fulchiron va se trouver à son aise et donner cours à sa naïve originalité. « N'en déplaise, dit-il, aux poètes, » aux voyageurs écrivains et aux artistes, il m'a » paru que ces messieurs avaient tous décrit cet » antique Latium au travers du prisme de leur » imagination, et singulièrement exagéré la tris- » tesse de l'inculture actuelle de l'*ager romanus*.... » Habitué à m'occuper de statistique, je tâcherai » de redresser de belles, de poétiques, mais, à » mon sens, d'inexactes descriptions.

» Le mauvais air qui règne sur les terrains bas, » compris entre le lac de Bolsena et les Marais- » Pontins, et qui engendre, depuis le commen- » cement de mai jusqu'à la fin d'octobre, de » dangereuses fièvres intermittentes, oblige les » habitants à adopter un genre particulier de

» culture; il se borne aux céréales et aux fourrages naturels.... Tant que le prince Borghèse » possédera 22,000 hectares, le duc Sforza Cesarini, 11,000; les princes Pamphili et Chigi, » chacun plus de 5,000..., il en sera toujours » ainsi. Les moyens de bonne exploitation manquent pour de pareils fermages... Une tenance » de 8,600 hectares, située à Campo-Marto, a » besoin, chaque année, pour ensemencer, de » 1,000 hectolitres de froment et de 420 d'autres » grains..... La culture exige trois cent vingt » bœufs attelés à soixante-cinq charrues; deux » cent cinquante autres bœufs sont annuellement » mis à l'engrais et huit cents vaches et cent » buffles pâturent sur les jachères; deux mille » moutons les parcourent aussi. Il faut cent chevaux pour monter les surveillants et pour le » transport des denrées. La ferme nourrit également deux cent cinquante juments et leurs » poulains. Elle réunit pour les semailles quatre » cents ouvriers étrangers et huit cents à l'époque des moissons... »

Ce sont là des détails de statistique et d'économie pratique dont les poètes et les artistes ne s'occupent point, mais qui ne pouvaient échapper à un observateur qui va au fond des choses et ne se contente pas des apparences. Etonnez-vous donc, après cela, si la campagne de Rome, à certaines époques de l'année, est triste et paraît stérile, surtout quand vous saurez que l'intempérance du climat, dans ces plaines brûlantes, fait par jour dix ou douze victimes. Pour régénérer le pays, il faut l'assainir et, pour cela, d'immenses travaux ont été entrepris par Sixte IV, par Clément VII, par Sixte-Quint, par Pie VI et par Pie VII. On n'a pas obtenu de ces travaux les résultats qu'on devait en attendre. Au lieu d'accuser l'indolence des rares habitants de la campagne de Rome, plaignons-les donc plutôt de résider dans une contrée qui, commençant à se dépeupler vers la fin de la République, a subi les ravages des Barbares, les guerres dévastatrices des barons, qui est envahie par le mauvais air, et qui, après tout, n'est qu'un demi désert aujourd'hui.

Après quelques mots pleins d'érudition sur les aqueducs anciens et modernes, l'auteur nous conduit dans les palais de campagne des princes romains, et, chemin faisant, nous montre du doigt les lieux de plaisance habités par Caligula et Néron. Apercevez-vous le fameux Tivoli où nos artistes allaient autrefois étudier les pittoresques costumes du moyen-âge et où ils ne trouvent plus aujourd'hui que des modes parisiennes. Voici la villa d'Este, bâtie par le cardinal Hyppolite, fils du duc de Ferrare, où le Tasse allait rêver des jardins d'Armide; le temple de Canope; Palestrina, que Sylla remplit de sang; la villa Aldobrandini si connue par ses innombrables richesses et devenue la propriété de la famille Borghèse. Plus loin, près de Ponte-Molle se trouve la plaine où a eu lieu le combat décisif entre Maxence et Constantin; ici est Porta-Paola, célèbre par la Pyramide de Cestius; là, donnez un souvenir aux Catacombes, véritable Panthéon des soldats de Jésus-Christ. Le Cirque de Romulus, le plus vaste des cirques de la banlieue, a été dédié, non au fondateur de Rome, mais au fils obscur du rival de Constantin. Il mérite d'être visité, ainsi que le sépulcre de Cæcilia Mutella. La villa Alfiri vous rappellera les splendeurs des princes de ce nom. La villa Pamphili possède un buste qui rappelle les traits d'Olympia Maldachini, cette belle sœur d'Innocent X, avare, hautaine, voluptueuse, dont l'ascendant sur le vieux pontife fut si déplorable. Dans les fastueux jardins de la villa Borghèse, n'oubliez pas d'aller payer votre tribut d'admiration au simple Casino où Raphaël travaillait et méditait pendant l'été, et qu'il a enrichi du génie de son pinceau. Et de tous les palais qui font à Rome une si merveilleuse ceinture, nous n'avons cité qu'un petit nombre : il faut recourir au *Voyage* pour les connaître tous, et pour savoir combien s'y trouvent renfermés d'admirables chefs-d'œuvre d'architecture et de peinture.

Nous nous contenterons d'indiquer le chapitre qui traite de l'architecture, de la peinture et de la sculpture romaines. C'est un traité complet, qui ne peut être, ni ne doit être analysé. Il faut le lire et le relire encore pour connaître les grands maîtres de l'école de Rome. Les jugements de M. Fulchiron peuvent être discutés; ce qu'on ne discutera pas, c'est son érudition historique et l'indépendance de son caractère.

Du reste, beaucoup d'auteurs ont écrit sur cette question. Qui n'a pas parlé de Rome sous le rapport artistique? ses monuments ont été cent fois décrits ; la gravure les a reproduits ; il n'est pas un des tableaux qu'elle renferme , un des chefs-d'œuvre dont elle s'enorgueillit, qu'un homme de goût ne possède, par la reproduction, dans son cabinet ; ce qui est moins connu, ce sont ses manufactures, son commerce, son administration, son agriculture, et c'est là-dessus qu'il faut surtout consulter M. Fulchiron, qui a puisé , aux meilleures sources, les plus précieux renseignements.

Il a paru à M. Fulchiron que le terrain sur lequel l'ancienne Rome fut assise a éprouvé la double action de l'inondation et du feu. L'inondation qui a duré peut-être des milliers d'années porta ses eaux de quarante à cinquante mètres au dessus de l'étiage actuel du Tibre. Les preuves de l'incendie s'établissent par les laves et les roches brulées qui subsistent encore sur le sommet des plus hautes collines urbaines. Le sol est donc un mélange de tufs souvent poreux et de terres d'alluvions. Le climat est sujet à de soudaines variations ; on peut le considérer, cependant, comme un des plus doux de l'Europe. Le mauvais air y engendre, l'été, de nombreuses maladies que, contrairement à l'opinion de plusieurs, il faudrait attribuer aux exhalaisons que produisent les substances contenues dans le sein de la terre et aux marécages dont elle a été longtemps couverte. L'enceinte de l'ancienne capitale était immense ; elle n'a pu, cependant, jamais renfermer trois millions d'habitants, ainsi qu'on l'a prétendu. L'auteur se livre à ce sujet à une dissertation pleine de faits et que les savants liront avec fruit. Rome moderne sur la rive gauche du Tibre ne dépasse pas la vieille enceinte d'Aurélien; sur la rive droite, elle s'est agrandie en enveloppant tout le Monte Vaticano; elle vient s'attacher aujourd'hui au château Saint-Ange. Ses quinze collines offrent à l'historien un vaste champ d'observations que nous ne pouvons qu'indiquer dans le résumé nécessairement fort court que nous avons entrepris. Elle compte 148 places et 506 rues qui forment une aire de 1,582,755 mètres carrés : 397 églises, 150 fontaines, 330 palais, 11 théâtres modernes et 35 villas. La description de ce monde de monuments a effrayé l'auteur qui se borne aux plus remarquables. Malgré le plaisir que nous avons eu à le suivre dans le cercle qu'il s'est tracé, notre cadre ne nous permet pas de reproduire les impressions que nous avons ressenties : c'est tout un monde de chefs-d'œuvre que nous aurions à décrire et notre travail ressemblerait moins à une mosaïque étriquée qu'à une sèche table des matières. Les appréciations paralytiques nous ont toujours répugné. Que ceux qui n'ont pas fait le voyage de Rome lisent le *Voyage*, et ils connaîtront la ville immortelle ; que ceux qui l'ont visitée le lisent aussi, ils apprendront à la mieux connaître : car nous le répétons, M. Fulchiron est un observateur attentif, un artiste *sui generis*, qui ne suit pas les voies battues et étonnera même ceux qui l'ont devancé. Loin de nous la pensée de prétendre que son ouvrage est parfait, il est certainement celui d'un homme que le sentiment de l'art anime à un haut degré. Ainsi, rien du Corso, ni de ses environs, rien de la colonne Trajane, du Palais des Conservateurs, du musée Capitolin ; rien des palais qui sont aussi des musées : rien des églises, ni de leurs richesses ; rien même de la Basilique de Saint-Pierre qu'il admire et critique dans quelques détails ; rien des bibliothèques, ni des jardins, et cependant ce n'est qu'à regret que nous fermons ce volume qui a dû coûter tant de nuits de travail et qui vivra dans l'histoire des arts. Avec quel plaisir nous aurions salué tous les grands noms qui s'y pressent, les grands pontifes, comme les grands peintres et les grands architectes, comme les conquérants illustres, comme les grands saints. O vanité humaine! ils savaient que Rome est la ville éternelle, et à contempler ses monuments et à exhumer les souvenirs qui s'y rattachent, ne semble-t-il pas que tous ont voulu mendier dans ses murs, une inscription un tombeau, une place, tant humble soit-elle, pour rester en quelque sorte vivants et debout, après leur mort, aux yeux de la postérité!

L'auteur du *Voyage* voudra bien nous excuser si nous avons parlé de Rome avant d'entrer dans quelques détails sur son agriculture, son commerce et son administration ; cette marche nous a paru simplifier notre œuvre; car, si nous ne nous trompons, M. Fulchiron est avant tout homme politiqne et il place au-dessus de la question d'art les intérêts moraux et matériels des populations ; et c'est surtout, sous ce dernier rapport, que l'Italie est peu connue et mal appréciée. On ne considère guère l'Italie que comme la terre du *far niente* ; et cela n'est pas.

Civita-Vecchia est le seul port important des États-Romains. Sa population est de dix mille âmes, et, cependant, il est loin d'être en état de prospérité. La ville est municipalement gouvernée et jouit de revenus considérables qui sont du reste bien administrés; à quoi tient la langueur de son commerce? à la répugnance de ses habitants pour le négoce maritime et à la rareté des capitaux. On cite un propriétaire dont les terres sont évaluées de 10 à 12,000,000 de fr. et qui n'a pas une seule barque pour envoyer à Rome ses blés par le Tibre. Quinze mille bêtes ovines et plusieurs milliers de bœufs couvrent ses champs et il attend que des spéculateurs génois et toscans viennent enlever ses fromages et ses laines.

Les tombes étrusques, seul témoignage existant des antiques splendeurs de Tarquinies, jadis rivale de Rome, méritent de fixer l'attention du voyageur. Elles étaient souterraines et si bien cachées aux regards qu'elles n'ont été découvertes qu'en 1780 et en 1831. Les archéologues trouveront là un vaste champ d'études. Parmi les villes que nous laissons sur notre route et que M. Fulchiron décrit avec un soin tout religieux, n'oublions pas Monte-Romano, fondé depuis une vingtaine d'années seulement. Nous citons :

« L'administration de l'hôtel du Saint-Esprit, à » Rome, établit ce village sur un plateau inculte » jadis, et ses premiers habitants, dont le nom» bre a sans cesse augmenté, furent des enfants » trouvés sortis de cet hospice. Distingué par l'ali-

» gnement de ses habitations, leur propreté et les » belles cultures qui les entourent, il est un exem» ple de ce que peuvent accomplir une active » charité, une habile et prudente persévérance. » Mille colons, presque tous dans l'aisance, peu» plent actuellement Monte-Romano. »

On connaît la surface des Etats-Pontificaux. Leur fortune territoriale est ainsi évaluée: versant-nord de l'Apennin 86,868 écus, 627,81 bajoqui; versant-sud 74,282 écus, 290,52 bajoqui (3 écus et 71 bajoqui équivalent à 20 francs.) La population romaine est vigoureuse et belle de forme. Sa stature n'est pas élevée. Cette dernière remarque avait déjà été faite du temps de la République. Les habitants de l'ancien Latium sont de mœurs paisibles; ceux de Bologne, de Ferrare et de la Marche d'Ancône sont plus hardis et plus entreprenants. Les montagnards ont conservé quelque chose du caractère primitif; ils sont actifs et intelligents : leur front est large, les sourcils arqués, les yeux grands et bien fendus. Les femmes se distinguent par la noble régularité de leurs traits et par leur teint brun et sanguin. Ce sont les Transtéverines de Rome. Malheureusement l'amour du brigandage ternit les qualités de ces montagnards: « Amour paraissant endémique en certaines loca» lités, que le gouvernement réprime autant que » possible, mais qui subsiste toujours et d'autant

» plus que le vol à force ouverte et même le » meurtre, ne sont point regardés, par leurs com» patriotes, comme des vices honteux ».

Ce sont eux qui trouvent le plus facilement à se marier.

En 1835, date du dernier recensement officiel, la population des Etats-Romains était de 2,732,000 habitants. Les juifs dont on évalue le nombre à 10,000 ne sont pas compris dans cet état. Rome compte son clergé pour un vingt-septième du total de la population : on a calculé que sa consommation est proportionnellement plus considérable que celle de Paris.

Nous avons déjà dit que dans le Latium les propriétés sont trop vastes pour favoriser une bonne culture. Quelques provinces rappellent par leur misère celle de l'Irlande. Le salaire du journalier ne s'y monte qu'à 60 centimes pour les hommes et 40 centimes pour les femmes; encore sont-ils obligés de se nourrir en partie. Les forêts donnent un assez bon produit soit en bois de vente soit en fruits. La culture du froment est estimée à 2,890,939 francs. On a calculé qu'elle serait insuffisante, si les substances farineuses ne venaient au secours de la population et des animaux. Le gouvernement a toujours encouragé la culture du froment, mais ses efforts ont été inefficaces ou impuissants. Dans quelques provinces, le riz est une précieuse ressource alimentaire ; sa récolte produit 7, 151,000 kilogrammes. Les prairies enrichissent d'habitude leurs propriétaires, car outre le paturage qui est de bonne qualité et qu'ils vendent à beaux deniers, ils exportent un nombre assez considérable (50 à 55,000) de moutons dont la laine est recherchée. L'olivier, le chanvre, le lin, la vigne n'offrent pas jusqu'à présent de chances de bénéfices au spéculateur. Le coton n'est plus cultivé. 700,000 têtes bovines peuplent le pays et suffisent largement à la consommation. On peut leur ajouter 5 ou 6,000 buffles qui se nourrissent dans les terres humides. Le cheval est estimé, il vit dans les campagnes comme le bœuf, et c'est là qu'il faut aller le chercher pour le dompter. En résumé, les produits agricoles qui sont en voie de décadence sont les céréales, les bois à brûler, les charbons et l'espèce chevaline ; le riz, les pommes de terre, la vigne, les bœufs, les moutons et leur laine se font remarquer par une amélioration sensible dans les bénéfices qu'ils rapportent.

On peut diviser les manufactures en produits du règne animal : draperies, chapelleries, tanneries, soieries, cordes harmoniques ; en produits du règne végétal : toiles de chanvre et de lin, papeterie, fabrication de chapeaux de paille, savonneries ; en produits du règne minéral : fourneaux pour la fusion de la fonte, trèfileries, coutellerie, verreries ; en manufactures d'objets d'art : impression en taille-douce, gravure au burin et à l'eau forte, peinture à fresque, orfèvrerie et bijoux, chapelets, mosaïques, émaux, etc. Les manufactures en progrès sont celles des chapeaux de feutre et de paille, de la papeterie, des soieries, de la savonnerie et du soufre. Les manufactures en décadence sont celles de la draperie, de la tannerie, des gants, du sulfate d'alumine, de crêpes et de gazes et des tissus de coton. Les causes de cette différence sont parfaitement déduites par l'ouvrage que nous analysons, et auquel nous renvoyons le lecteur.

Quiconque aura lu le chapitre qui précède pourra dresser le tableau du commerce dans les États romains. Il est bon, toutefois, d'étudier les listes officielles que donne M. Fulchiron, et qui sont très peu connues. Les importations et les exportations, le commerce avec la France surtout ont été, de sa part, l'objet d'investigations toutes spéciales et dont il faut lui savoir gré.

Les changements survenus depuis quelques années dans l'administration ôtent aux précieux détails, renfermés dans le *Voyage en Italie*, une partie de leur actualité. Il serait curieux, toutefois, de comparer ce qui existait en 1841 avec ce qui existe aujourd'hui. Le peuple pourrait juger, en connaissance de cause, de ce qu'il gagne aux révolutions. Les changements violents détruisent et renversent sans réédifier. Pour porter des fruits durables, le progrès doit être lent mais continu, et l'histoire de la papauté prouve qu'elle n'a jamais failli à sa mission. Quelles que soient donc les modifications introduites dans le gouvernement pontifical, les documents fournis par l'auteur du *Voyage* n'en resteront pas moins d'autant plus utiles à consulter qu'ils émanent de sources plus authentiques, et qu'ils n'avaient pas encore été publiés.

On parle beaucoup de conclave à l'élection de chaque nouveau pape, et on sait peu comment il se tient. Ce ne sera donc pas un hors-d'œuvre que de raconter la manière dont procèdent les cardinaux. Nous citons :

.... « C'est au Vatican que le conclave est ordi-
» nairement réuni : comme on ne peut y faire du
» feu, si c'est en hiver qu'il est assemblé, on
» mure les portes et les fenêtres, auxquelles on
» ne laisse qu'une faible ouverture ; en été, on ne
» prend point cette précaution. La porte d'entrée
» est placée sous une garde spéciale, et fermée par
» quatre serrures. Dans les salles du Vatican, on
» construit autant de cellules qu'il y a d'électeurs
» et chaque cardinal fait poser ses armes sur celles
» que le sort lui assigne. Après trois jours de

» réunion, on ne doit servir qu'un plat au dîner
» des cardinaux, qui mangent tous séparément;
» et, après cinq jours, que du pain et du vin : telle
» est du moins la règle; mais elle ne s'observe
» plus avec rigueur. Deux domestiques, nommés
» conclavistes, et qui, malgré cette dénomina-
» tion, sont ordinairement de jeunes prélats,
» suivent le cardinal auquel ils sont attachés et
» s'enferment avec lui; réclusion rigoureuse, car
» toute communication, toute correspondance
» avec le dehors sont sévèrement interdites.
» Cette espèce d'emprisonnement est si pénible
» que, si le conclave se prolonge pendant les
» chaleurs de l'été, souvent il meurt plusieurs
» cardinaux.

» Pénétrons maintenant dans cette auguste
» assemblée et voyons comment on peut procéder
» à l'élection. Il existe quatre manières d'élire
» un pape : la première, lorsqu'un cardinal, opi-
» nant le premier, donne sa voix à un de ses
» collègues, va à l'adoration, et le proclamant
» pape, se trouve suivi par les deux tiers des vo-
» tants. Ce mode brusque et impétueux a souvent
» réussi..... la seconde manière est appelée de
» compromis, et consiste à donner à trois car-
» dinaux le pouvoir de nomination, pouvoir
» de peu de durée et qui expire à l'extinction
» d'une bougie. La troisième, et la plus ordi-
» naire, est par la voie du scrutin : chaque cardi-

» nal dépose son bulletin cacheté dans le calice
» placé sur un autel. Pour que l'élection soit
» valable, il faut aussi les deux tiers des suffrages.
» La quatrième se nomme d'anès et s'emploie
» lorsque les voix sont trop long temps parta-
» gées entre les candidats. De guerre lasse, quel-
» ques cardinaux se désistent et accèdent en
» portant leurs voix sur celui qui en a précé-
» demment obtenu le plus grand nombre. Cette
» élection est également anonyme par la raison
» déjà donnée en expliquant le mode d'adora-
» tion. »

Par suite des événements politiques survenus, nous n'emprunterons à M. Fulchiron que la partie qui peut s'appliquer encore à l'administration d'aujourd'hui. Faisons remarquer, avant tout, qu'avec cinq pouvoirs gradués en attributions, toute l'administration pontificale fonctionne régulièrement. Chose étonnante! Cette administration, si souvent accusée d'obscurantisme par d'*ignorants* libérâtres, est cependant si parfaite qu'elle semble avoir servi de modèle à notre administration française. Etablissons le parallélisme;

Papauté	Royauté ou Présidence.
Cardinalat	Ministères.
Archevêchés . . .	Préfectures.
Evêchés	Sous-Préfectures.
Curés	Mairies.

Le nombre d'archevêchés ou évêchés sur lesquels s'étend le pouvoir pontifical est de 668, savoir : Europe, 563; Asie, 15; Afrique, 10; Amérique, 70. Il est bon de dire que ce nombre s'est accru depuis l'année où l'auteur écrivait. Les ordres religieux, également dépendant de l'autorité du pape, montent à 203.

La jurisprudence est un véritable dédale au milieu duquel nous nous sommes perdus, malgré le fil conducteur qui nous était offert. Les lecteurs du *Voyage* seront peut-être plus heureux que nous. Disons, toutefois, que le code Napoléon a laissé dans cette partie de l'administration des traces qui promettent chaque jour de nouvelles améliorations.

Une ordonnance du 5 juillet 1831 a organisé l'administration civile en 20 provinces. Chaque province est subdivisée en districts, et ceux-ci en communes. N'est-ce pas tout-à-fait le calque de ce qui existe en France? Dans les villes, le maire prend le titre de gonfalonier; il s'appelle prieur dans les communes. Que l'on recherche dans l'ouvrage le détail des élections et des attributions des conseils municipaux : ils exercent leur autorité avec plus d'indépendance qu'on ne pourrait le croire. Nous arrivons d'un bond à ce qui regarde les finances et les forces militaires. De celles-ci, il n'y a que deux mots à dire. Elles se composent de 18,748 hommes ainsi répartis : infanterie pontificale 7,200; étrangère, 4,248; — cavalerie 1,050; — artillerie pontificale 1,000; étrangère 250; — carabiniers, 2, 500; — gendarmes, 1,000; — gardes de finances, 1,500.— Le ministre de la guerre est toujours un prélat; il est assisté de trois généraux et de leurs conseils qui délibèrent avec lui. L'armée coûte au budget 9,892,797 francs. Ce chiffre est de 1839. Combien ne doit-il pas être plus élevé aujourd'hui?

Le savant M. Fulchiron fait ainsi l'exposé financier des Etats-pontificaux; mais l'évaluation remonte à 1839 et ne doit pas s'appliquer au moment présent: Recettes, 48,956,194; — Dépenses, 52,724,785 francs; — Déficit, 3,768,590 francs. Les frais de perception du budget absorbent le cinquième des recettes.

L'instruction publique est extrêmement favorisée. Rome compte, à elle seule, 374 écoles primaires recevant 15,000 élèves des deux sexes. Rome n'a que 158,000 habitants; Paris en a 900,000. Pour que la parité fût proportionnelle, il faudrait que notre capitale vît ses écoles fréquentées par 90,000 écoliers. Qui pourrait dire qu'ils s'y trouvent? L'éducation des enfants pauvres a toujours excité l'intérêt du gouvernement, et les progrès de cette éducation dépassent de beaucoup ceux dont on s'enorgueillit en France. Aussi le jeune romain, en finissant ses études,

« n'aspire point à élever sa position sociale, et, » content du rang où le ciel l'a placé, il entre » modestement dans l'atelier paternel. » Ah ! que de révolutions, que de malheurs nous aurait épargnés une instruction basée sur l'autorité fécondante des principes religieux ! Les États comptent sept universités dont les bibliothèques possèdent 1,030,000 volumes; deux mille huit cent dix étudiants suivent leurs cours. Ces universités sont indépendantes de dix huit collèges qui comptent des milliers d'écoliers. Que l'on accuse, après cela, le clergé de laisser croupir le peuple dans l'ignorance !

Mais ce n'est pas dans ce que nous avons dit, et que de choses nous avons dû omettre, qu'il faut chercher la véritable gloire de Rome, cette gloire devant laquelle s'agenouille tout homme qui porte un cœur catholique. Que nous importent ses musées, ses temples, ses admirables chefs-d'œuvre? Derrière eux, nous apercevons la misère et l'esclavage du peuple. Si nous aimons Rome catholique, c'est qu'elle a affranchi le monde, et qu'elle proclame chaque jour l'égalité de tous devant Dieu, c'est qu'elle prêche le bien, c'est qu'elle le fait. La main du souverain pontife ne s'ouvre jamais avec autant de complaisance que pour ceux qui souffrent. Parcourez, dans le *Voyage en Italie*, le tableau des établissements où la misère est si généreusement accueillie, même la misère méritée, et vous avouerez, avec nous, que s'il est beau d'honorer l'humanité par le génie, il est plus beau de la relever par le sentiment de sa dignité, et de la soulager par des bienfaits.

Naples après Rome. Quoi de plus propre à exalter l'imagination ! Les deux villes d'Italie qui offrent le plus d'éléments à la sagacité du lecteur et aux observations des érudits, sont peut-être le moins connues des voyageurs et le plus dignes de leur intérêt. On a pu les admirer comme de splendides musées; on n'est pas encore entré dans leur intérieur, s'il est permis de parler ainsi, ni dans les rouages de leur administration. On connaît Rome, nous allons essayer de faire connaître Naples.

Ne nous arrêtons pas aux Marais-Pontins, que Pie VI et Pie VII ont voulu assainir, et que leurs successeurs n'ont pas encore desséchés, pour entrer à Torre de Confini, qui sert de limite aux États-Romains. Nous sommes à Fondi, où il faut subir l'impôt volontaire des étrennes. Près de Fondi, est un petit lac, puis une longue et tortueuse montée qu'il faut péniblement gravir pendant des heures, montée célèbre par les exploits des brigands. « Souvent la jeune fille préfère le bandit au cul- » tivateur paisible : c'est un brave, dit-elle, et

» elle lui donne son cœur et sa main. » Voici Capoue qui n'est plus qu'un souvenir, et de Capoue à Naples, la campagne n'est plus qu'une plaine où la température rappelle le plus doux climat de l'Europe. Le mouvement est partout : les villages se multiplient; nous sommes à la porte de la plus importante cité d'Italie, d'une ville de 350 mille habitants.

Ici, les documents officiels manquent; ce que nous allons dire appartient aux renseignements particuliers de l'auteur. Plaines et montagnes, en deux mots, voici le royaume de Naples. Les montagnes sont calcaires et volcaniques et très riches en pâturages. Les plaines sont réservées à la culture des céréales : disons toutefois que le sol est un des plus fertiles du monde. Le royaume de Naples compte 5,932,898 habitants : cette évaluation date de 1833; en 1837, la population était de 6,089,288. La surface du royaume se répartit ainsi par nature de terres et de cultures : terres ensemencées, 2,550,000 hectares; vignes et plantations d'orangers, 440,000; plantations d'oliviers, 220,000; plantations de châtaigners, 190,000; jardins, 60,000; pâturages naturels, 1,440,000, prairies artificielles, 85,000; bois, 930,000; terres stériles ou incultes, 2,655,000.

Entrons dans quelques détails. L'agriculture est en décadence. Les paysans ne savent pas alterner les cultures, et l'usage des jachères prévaut encore dans les campagnes qui n'ont pas besoin de repos. Le gouvernement a voulu donner d'utiles exemples : ils ont peu réussi ; la production des céréales n'est que suffisante pour le royaume. La culture de la vigne n'est pas mieux entendue que celle des céréales et des bois. Cependant des essais ont été tentés, et ils promettent de bons résultats. Le coton et la soie ont un mouvement ascensionnel. Les propriétaires se livreraient volontiers à quelques entreprises ; mais ils sont en général trop pauvres et trop peu instruits pour tenter des expériences qui acheveraient leur ruine, si elles venaient à échouer. Soyons vrais, et disons que le mauvais air, comme dans les campagnes de Rome, est un obstacle véritable aux progrès de l'agriculture ; comment ne pas déplorer que sous un si beau climat, qui semble jouir de toutes les faveurs du ciel, il ne se soit pas encore trouvé une main assez puissante pour régénérer cette belle partie de l'Italie ?

Au commencement du dix-neuvième siècle, le royaume de Naples tirait ses objets manufacturés des pays étrangers. Tout a changé de face aujourd'hui. Non seulement sous ce rapport, il suffit à la consommation intérieure, mais il envoie au dehors l'excédant de ses produits. Si l'agriculture en a souffert, du moins le vagabondage du bas peuple a diminué dans les villes. « Une foule de » désœuvrés, de lazzaroni, attirée, peu à peu, par » l'appât du gain, a obtenu de l'occupation et ac- » quis l'habitude d'un travail modéré; car il ne » faut pas exiger du Napolitain une longue appli- » cation ou de pénibles efforts, et ce serait encore » une cause d'infériorité pour les fabriques natio- » nales si elles avaient à lutter contre celles de » l'étranger. On estime à 200,000 le nombre » des ouvriers employés aux manufactures du » royaume. »

Ces 200,000 ouvriers ont écarté du marché de Naples la plupart des objets communs qui venaient autrefois de l'étranger.

La navigation a suivi le progrès des manufactures. Mais le gouvernement n'a pu encore la faire parvenir au degré d'amélioration qu'elle devrait avoir acquis. L'auteur du *Voyage* nous apprend que la plupart des patrons ou maîtres au cabotage savent à peine lire et écrire, et que les capitaines au long cours n'ont pas toute l'instruction désirable. Faites donc une marine avec de tels éléments !

Ce que nous avons dit de l'administration religieuse, judiciaire et civile de la Toscane et des États pontificaux nous dispense d'entrer, sur le même sujet, dans des détails qui seraient fastidieux pour le lecteur. Les révolutions qui ont agité le royaume de Naples depuis quelques années, ont placé les faits à un point de vue qui ne pouvait être prévu par M. Fulchiron. Le roi Ferdinand a su maintenir et affermir sa couronne, tout en élevant les institutions du pays à la hauteur des progrès du siècle.

Les environs de Naples, si souvent décrits, ont trouvé dans le *Voyage en Italie* de nouveaux et curieux développements auxquels l'histoire fournit une large part. Nous regrettons de ne pouvoir leur donner place dans les *Archives*, car nous avons presque oublié que nous n'avions à publier qu'une Notice bibliographique, et nous nous sommes laissé entraîner bien loin de notre premier plan. Tout en ayant voulu être consciencieux, nous nous demandons s'il n'eût pas mieux valu peut-être respecter une œuvre qui touche à tant de sciences à la fois, plutôt que d'en donner une ébauche incomplète. C'est une lourde tâche que de résumer en quelques pages ce qui mériterait d'être longuement étudié. Oui, nous aimerions à visiter Pausilippe et Pouzzoles, et Baïa et ses temples, et Misène et Cascite. Oui, nous aimerions à faire revivre, avec l'auteur, Portici, Herculanum et Pompeïa, Pompeïa surtout dont il nous donne une description si exacte, si curieuse, si pittoresque, que l'on croirait qu'il a été un de ses habitants; mais l'exiguité de notre cadre arrête notre plume.

Adieu notre belle antiquité ! nous voici à Naples, « Naples qui est belle, mais non poétique,
» où la vie s'écoule trop rapide et trop agitée.
» Partout, sur les places publiques, sur le port,
» dans cette longue rue de Tolède, que les ro-
» mans espagnols ont tant célébrée, se presse la
» tourbe confuse d'un peuple bruyant, gesticula-
» teur, prompt à s'irriter, comme à s'apaiser, in-
» dolent et actif à la fois..... Néanmoins, l'aurore
» d'un meilleur ordre de choses s'y fait aperce-
» voir. Peu à peu, le lazzarone disparaît; il fouille
» bien encore au fond des poches, et l'auteur de
» ce *Voyage* en sait quelque chose, mais il a des
» pantalons, il commence à porter des chemises,
» et dans dix ans, peut-être, il mettra des bas et
» des souliers. »

Et le lazzarone, c'est le souverain de Naples!

Vue de la mer, Naples a un aspect féérique. Ses quais, ses hôtels, les tours colossales du château neuf, son faubourg animé, ses maisons de plaisance, ses bosquets d'orangers, de myrtes et de grenadiers ont quelque chose qui éblouit le regard, et cependant il laisse le cœur froid; c'est qu'il lui manque les traces du passé; c'est que le sol qu'on y foule n'éveille aucun de ces souvenirs qui naissent en foule à Rome, à Florence et sur toute la terre de la Toscane. Tout y est moderne; c'est, qu'outre ses églises, au nombre de près de trois cents, outre le Palais-Royal, le théâtre Saint-Charles, le Château-Neuf, et le vaste bâtiment des Studj, elle n'a rien qui la distingue des autres capitales de l'Europe, rien qui présente le puissant intérêt qui s'attache aux constructions pisanes, florentines et romaines; aussi, suivrons-nous notre auteur dans son voyage à travers les duchés de Parme, de Plaisance, de Guastalla, de Modène et de Lucques.

Les duchés de Parme, de Plaisance, et de Guastalla, longtemps divisés, ne font aujourd'hui qu'un seul état, formant un carré presque parfait, ayant une surface de 1,711,000 Italiens. La population est de 465,678 habitants. L'administration religieuse est confiée aux quatre évêques de Parme, de Plaisance, de Borgo-Santo-Domino et de Guastalla. Quant à l'autorité judiciaire, on y obéit, comme en France, au Code Napoléon. Le sol y est extrêmement fertile, et c'est de lui que Delille a dit, après Virgile :

..... Et dans ces champs heureux,
Ce que le plus long jour consomme de pâture,
La plus courte des nuits le rend avec usure.

Ce sont les prairies et les bestiaux qui forment

la base de la véritable prospérité du pays : le commerce et l'industrie ne sont que d'un intérêt secondaire auprès de ces deux colonnes de l'État.

Le duché de Modène, tout aussi fertile, est moins peuplé, et ne compte guère que 396,000 habitants. Cette population, qui s'adonne exclusivement à l'agriculture, ne possède que des manufactures d'une faible importance. L'administration civile est divisée en six provinces, et l'administration religieuse en quatre évêchés. Les détails dans lesquels nous pourrions entrer sur son commerce, sur l'état de ses finances, de ses forces militaires et de son industrie, ne peuvent offrir, après ce que nous avons dit des grandes capitales de l'Italie, que très peu d'intérêt; aussi, ne nous arrêtons-nous pas à en entretenir nos lecteurs. La même remarque s'appliquera à la principauté de Lucques, qui ne compte que 172,530 habitants, et qui, pour la plus grande partie, vivent au milieu des champs et des produits de l'agriculture qu'ils ont portée à un rare degré de perfection. Cette principauté cependant possède quelques établissements industriels qui peuvent, en même temps, subvenir à ses besoins et satisfaire aux demandes du luxe. Les principaux de ces établissements sont ceux qui s'occupent de la filature des soies et de la abrication des soieries. La force armée se compose d'un bataillon de ligne de 500 hommes, de 150 gendarmes à pied et de 60 canonniers et gardes-côtes. Lucques, qui ne compte que 25,000 âmes de population, possède cinq bibliothèques renommées dans toute l'Europe pour leur richesse en chartes et en documents du moyen-âge.

Si déjà, nous n'avions franchi les bornes qui nous étaient prescrites, nous étudierions avec M. Fulchiron les écoles de peinture de Modène et de Parme ; nous décririons avec lui Plaisance et ses tours, ses dômes, ses monuments et ses remparts, Parme avec son palais, sa bibliothèque et son musée, Modène avec son bel aspect, sa cathédrale et son palais-ducal, Lucques avec ses eaux thermales et son château habité par la princesse Bacciochi, mais nous devons nous contenter de ces brèves indications. La lecture du *Voyage en Italie* dédommagera ceux qui voudront avoir sur ces belles contrées, si dignes de l'étude du savant et de l'historien, des notions plus étendues.

Maintenant que nous avons montré dans M. Fulchiron le littérateur, l'archéologue et l'ami des beaux-arts, continuons d'esquisser le côté politique de sa physionomie.

Le feu roi Louis-Philippe l'avait apprécié, et en récompense de ses services et comme prix de son mérite, l'avait nommé membre de la chambre des pairs. Le nouveau pair fut auprès de ses collègues ce qu'il avait été à la chambre des députés, toujours actif, toujours dévoué, combattant toujours avec les armes de la raison les passions mauvaises; — ces armes ne sont-elles pas les plus solides? Telle était son indépendance que les ministres l'aimaient et le redoutaient à la fois. Ils aimaient l'homme influent et sincèrement monarchique: ils redoutaient l'homme passionné pour l'ordre et la liberté.

La révolution de Février a porté un coup cruel à M. Fulchiron. En même temps qu'elle emportait dans sa tempête le trône d'un souverain qu'il aimait et qu'il croyait nécessaire au salut de la patrie commune, cette révolution ébranlait fortement la société, et menaçait de tout détruire sous un amas de sang! Il déposa sans regret les honneurs de la pairie, honneurs qu'il n'avait pas sollicités et qu'il n'avait acceptés que pour les utiliser au profit de ses concitoyens. Plus soucieux de bien faire que de se faire bien valoir, il oublia le bien qu'il avait fait pour ne plus songer qu'à celui qu'il pourrait faire encore.

M. Fulchiron est de haute taille. Sa physionomie exprime la douceur et l'abandon. Le sans-façon de ses manières est connu. Que lui importe de paraître et de poser en face du monde? Dans l'intimité, sa conversation est pleine de saillies. Son abord est facile et sa générosité proverbiale. Il sait être réservé et gai. Ses amis, et ils sont nombreux, appartiennent à toutes les nuances d'opinion. De combien d'hommes politiques pourrait-on en dire autant?

Chez M. Fulchiron, on peut oublier l'homme public; on peut méconnaître le mérite du littérateur et contester les titres du savant; ce qui lui est acquis, c'est une inépuisable et intelligente bienfaisance, trait distinctif de son caractère. Un mot suffira pour donner une idée de cette bienfaisance, et ce mot seul est un éloge, le plus bel éloge qui puisse se rencontrer sous notre plume, et que tous ses concitoyens ratifieraient à l'envi. Ses revenus et une partie de ses biens sont engagés pour plusieurs années dans l'intérêt d'établissements de charité, de constructions, de monuments, de canaux, de chemins, de prisons. Lyon lui doit le Palais de Justice, l'église de l'Observance, la restauration de l'église de Vaise, et une royale part dans sa dîme aux pauvres. Ses dons privés sont incalculables. A qui lui dit : Je suis malheureux, M. Fulchiron ne sait pas refuser un généreux bienfait.

Aussi, en donnant à un de ses quais le nom de *quai Fulchiron*, la ville de Lyon n'a-t-elle fait que payer une dette de reconnaissance.

Vivant, M. Fulchiron a pu être en butte aux injustices et aux passions des partis politiques. Mort, et que pour le bonheur de ceux qui souffrent, Dieu lui conserve une longue et heureuse vieillesse! il n'y aura qu'une voix pour bénir sa mémoire.

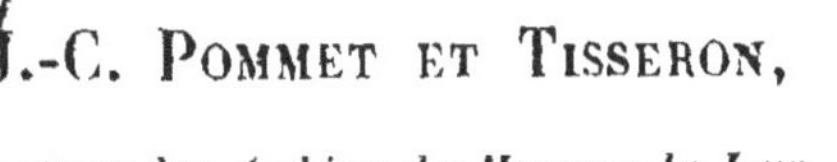

J.-C. Pommet et Tisseron,

L'un des Directeurs des *Archives des Hommes du Jour*.

PARIS. — IMPRIMERIE DE MADAME DE LACOMBE, RUE D'ENGHIEN, 14.

www.ingramcontent.com/pod-product-compliance
Lightning Source LLC
LaVergne TN
LVHW010044230826
846091LV00005B/1865

* 9 7 8 2 0 1 1 7 7 1 1 2 4 *